Effektives Konfliktmanagement. Definition, Analyse und Strategien zur Konfliktlösung im Unternehmensumfeld

Felix Lindholm

Bibliografische Information der Deutschen Nationalbibliothek:

Die Deutsche Nationalbibliothek verzeichnet diese Publikation in der Deutschen Nationalbibliografie; detaillierte bibliografische Daten sind im Internet über http://dnb.d-nb.de abrufbar.

ISBN: 9783389069622
Dieses Buch ist auch als E-Book erhältlich.

© GRIN Publishing GmbH
Trappentreustraße 1
80339 München

Druck und Bindung: Books on Demand GmbH, Norderstedt Germany
Gedruckt auf säurefreiem Papier aus verantwortungsvollen Quellen

Das vorliegende Werk wurde sorgfältig erarbeitet. Dennoch übernehmen Autoren und Verlag für die Richtigkeit von Angaben, Hinweisen, Links und Ratschlägen sowie eventuelle Druckfehler keine Haftung.

Das Buch bei GRIN: https://www.grin.com/document/1499903

Inhaltsverzeichnis

1. Einleitung

1.1 Problemstellung und Relevanz

Konflikte sind ein normaler Bestandteil des Wirtschaftslebens und können unbehandelt zu schwerwiegenden Folgen führen. Sie können beispielsweise die erfolgreiche Zusammenarbeit erschweren oder diese sogar unmöglich machen. (vgl. Becker, 2018, S.176) Konflikte dürfen jedoch nicht nur als Risiko betrachtet werden. Konflikte bieten auch Chancen, sie weisen beispielsweise auf Probleme hin und führen im richtigen Umgang zu positiven Veränderungen. (vgl. Proksch, 2014, S.11) Ein qualifiziertes Konfliktmanagement leistet einen großen Beitrag zu einer erfolgreichen Zusammenarbeit und damit auch zum Unternehmenserfolg. Konflikte sind so facettenreich wie die Einstellungen, Werte und Persönlichkeiten von Menschen. Jeder Konflikt stellt sich anders dar und es gibt kein Patentrezept zur schnellen Lösung von Konflikten. Ein qualifiziertes Konfliktmanagement erfordert deshalb psychologische Kenntnisse und ein tiefgreifendes Verständnis zur Erkennung, Bewältigung und Vermeidung von Konflikten. Führungskräfte tragen eine wichtige Rolle im Umgang mit Konflikten und sollten deshalb mit dem Thema „Konfliktmanagement" gut vertraut sein.

1.2 Ziel und Aufbau der Arbeit

Im Grundlagenteil wird zu Beginn der Begriff „Konflikt" definiert. Hier wird deutlich wie schnell in der Alltagssprache von einem Konflikt gesprochen wird, obwohl es sich beispielsweise nur um eine Meinungsverschiedenheit handelt. Konflikte richtig einzuordnen ist die Grundvoraussetzung für einen qualifizierten Umgang mit Konflikten. Darauf aufbauend werden verschiedene Konfliktarten beschrieben, welche im Unternehmensumfeld anzutreffen sind. Jede Konfliktart hat ihre Eigenheiten und erfordert eine andere Herangehensweise zur Konfliktbewältigung. Das letzte Kapitel des Grundlagenteils der Arbeit befasst sich mit den beiden wichtigsten Konfliktlösungsstrategien „Kompromiss" und „Konsens". Das qualifizierte Konfliktmanagement als Führungsaufgabe bildet den Hauptteil dieser Arbeit. Das erste Kapitel behandelt wie Konflikte rechtzeitig erkannt werden können. Dabei wird auf typische Konfliktsymptome im Verhalten und Gespräch eingegangen. Konflikte durchlaufen mehrere Eskalationsstufen. Je früher Konflikte angegangen werden, desto besser sind die Chancen auf eine erfolgreiche Bewältigung des Konflikts. Von besonderer Wichtigkeit ist hierbei, dass je nach Eskalationsstufe verschiedene Maßnahmen zur Lösung des Konfliktes geeignet sind. Anschließend wird das Thema Konfliktanalyse beleuchtet. Die Konfliktanalyse identifiziert die Konfliktart, die Konfliktparteien und in welcher Eskalationsstufe sich ein Konflikt befindet. Das Ergebnis der Konfliktanalyse ist Ausgangsbasis für die Konfliktbewältigung. Im Anschluss werden verschiedene Interventionsmethoden zur Bewältigung von Konflikten beschrieben. Diese orientieren sich primär nach der Eskalationsstufe des Konflikts. Das nächste Kapitel befasst sich mit Persönlichkeitsstrukturen. Dieses Wissen hilft Führungskräften den richtigen Umgang mit den Konfliktparteien zu finden. Danach wird der typische Ablauf eines Konfliktgesprächs aufgezeigt, welches ebenfalls ein wichtiger Bestandteil der Konfliktbewältigung ist. Zum Abschluss wird ein fiktiver Konfliktfall in einem mittelständischen Unternehmen beschrieben und mögliche Lösungswege aufgezeigt.

2. Grundlagen

2.1 Konflikt

Der Begriff „Konflikt" ist nicht eindeutig definiert und hängt stark davon ab in welchem Kontext er verwendet wird. Soldaten verstehen unter einem „Konflikt" eine bewaffnete Auseinandersetzung. Während Computerfachleute von einem „Konflikt" sprechen, wenn zwei Computer im selben Netzwerk die gleiche IP-Adresse nutzen. Im Wirtschaftsleben ist ein „Konflikt" ein soziales Phänomen, das bei der Interaktion zwischen Menschen entstehen kann. (vgl. Proksch, 2014, S.2) Jeder Mensch hat seine individuelle Persönlichkeit und verfolgt andere Werte, Ziele und Interessen. Die unterschiedlichen Ansichten, Vorstellungen und Werte können im Alltag sowie im Beruf zu Meinungsverschiedenheiten und Missverständnissen führen, die dann in Konflikten münden. (vgl. Becker et. al, 2018, S.173-174) Ein Konfliktfeld besteht mindestens aus zwei Parteien (Individuen oder Gruppen), die ihre eigenen Handlungspläne verwirklichen möchten. Mit der wechselseitigen Abhängigkeit zwischen den Parteien, wird die Unvereinbarkeit von Bedürfnissen erlebt, die von negativen Gefühlen begleitet ist. (vgl. Zumsteg, 2019, S.12) Erst durch die Realisierung einer Handlung wird die Abhängigkeit vom Gegenüber erlebt. Dabei reicht es aus, wenn wenigstens eine Partei die Gründe für das nicht verwirklichen der eigenen Interessen der anderen Partei zuschreibt. Für den Konflikt spielt es dabei keine Rolle, ob die Einschränkung durch die andere Partei tatsächlich beabsichtigt wurde oder nicht. (vgl. Lippmann, 2019, S.765-766)

2.2 Konfliktarten in Unternehmen

Jeder Konflikt ist durch individuelle Eigenschaften gekennzeichnet. Das „Hauptproblem" des Konflikts resultiert aus der subjektiven Wahrnehmung der Konfliktparteien. Eine ganzheitliche Betrachtung des Konflikts verschafft den Beteiligten den nötigen Überblick, um den Kern des Konfliktes besser identifizieren zu können. Erst wenn das Problem klar erkannt wurde, kann eine Lösung erarbeitet werden. Entsprechend den Ursachen unterteilt Stephan Proksch (2014, S.5) Konflikte nach fünf Grundformen. Dazu zählen Sachverhaltenskonflikte, Interessenkonflikte, Beziehungskonflikte, Wertekonflikte und Strukturkonflikte.

2.2.1 Sachverhaltenskonflikte

Sachverhaltenskonflikte werden häufig durch unterschiedliche, mangelhafte oder falsche Informationen sowie deren unterschiedliche Interpretation hervorgerufen. Ein Beispiel für einen Sachverhaltenskonflikt ist die Diskussion zweier Mitarbeiter aus der IT-Abteilung, bei der neue Arbeitsplatzrechner für die Marketingabteilung beschafft werden sollen. Die beiden Kollegen sind sich bei der Auswahl der passenden Hardware uneinig. Sie beharren beide darauf Recht zu haben und verfangen sich in einem Streit. Bei reinen

Sachverhaltenskonflikten kann die Lösung einfach auf der Sachebene gefunden werden. Dies wird ermöglicht durch das Vervollständigen von Informationen und die Klärung von Fakten. Des Weiteren ist es hilfreich, zu einer Übereinstimmung in der Bewertung der Tatsachen zu kommen. Auch das Hinzuziehen von unabhängigen Experten kann hier sinnvoll sein. (vgl. Proksch, 2014, S.5) Durch eine umfassende Anforderungserfassung an die neuen Arbeitsplatzrechner, kann die Antwort auf die passende Hardware gefunden werden. Sofern beide Konfliktparteien auf die Fakten der Anforderungsanalyse vertrauen, kann der Konflikt damit gelöst werden.

2.2.2 Interessenkonflikte

Im Gegensatz zu Sachverhaltenskonflikten geht es bei Interessenkonflikten nicht um Fakten, sondern um unterschiedliche Interessen. Ein klassisches Beispiel für einen Interessenkonflikt ist das „richtige" Lüften eines Bürozimmers. Manche Mitarbeiter reagieren empfindlich auf Geräusche oder Temperaturschwankungen und fühlen sich bei einem geöffneten Fenster schnell unwohl. Andere Mitarbeiter haben hingegen ein starkes Bedürfnis nach frischer Luft und können sich in einem stickigen Bürozimmer schlecht konzentrieren. Die gegensätzlichen Interessen können in einem geteilten Bürozimmer schnell zu einem Interessenkonflikt führen. Die Interessen der Konfliktparteien verbergen sich häufig hinter Argumenten. Durch die Analyse der Argumente können die zugrunde liegenden Bedürfnisse eruiert werden. Anschließend kann die Frage geklärt werden, wie die Bedürfnisse der Konfliktparteien befriedigt werden können. Es ergeben sich dabei häufig Lösungen, die zuvor gar nicht bedacht wurden. (vgl. Proksch, 2014, S.5) So könnte der Konflikt über das „richtige" Lüften des Bürozimmers z. B. damit geklärt werden, dass das Fenster nur noch zu bestimmten Uhrzeiten über einen längeren Zeitraum geöffnet wird. Damit haben die Mitarbeiter, welche empfindlich auf Geräusche und/oder Temperaturschwankungen reagieren, die Möglichkeit das Zimmer während des Lüftens zu verlassen.

2.2.3 Beziehungskonflikte

Bei Beziehungskonflikten ist die zwischenmenschliche Beziehung der Parteien durch Gefühle wie Angst, Frustration, Neid und dergleichen beeinträchtigt. Die Konflikte gehen dabei unter anderem auf enttäuschte Erwartungen oder wiederholte Missverständnisse zurück. Wenn beispielsweise zwei Kollegen eine unterschiedliche Auffassung von Pünktlichkeit haben, kann daraus durchaus ein Beziehungskonflikt entstehen. Während der eine Kollege es mit der Pünktlichkeit nicht so eng sieht, fasst der andere Kollege die ihm entgegengebrachte Unpünktlichkeit möglicherweise als eine Geringschätzung seiner Person auf. Zudem ist es wichtig, dass die Streitparteien in einem geregelten Rahmen auch ihre Emotionen zum Ausdruck bringen können. Die aufgestauten Emotionen wie z. B. Wut, Verärgerung oder Enttäuschung verhindern ansonsten unter Umständen die Lösung des Konflikts. Sobald die Konfliktparteien ein gegenseitiges Verständnis aufgebaut haben, kann im nächsten Schritt die Sachebene des Konflikts angegangen werden. (vgl. Proksch, 2014, S.6)

3

2.2.4 Wertekonflikte

Jeder Mensch hat seine individuellen Wertvorstellungen und Grundsätze. Diese können sich grundlegend von Wertvorstellungen und Grundsätzen anderer Menschen unterscheiden. Ein Wertekonflikt kann entstehen, wenn verschiedene Wertvorstellungen aufeinanderprallen. Ein klassisches Beispiel sind unterschiedliche religiöse Ansichten. Zur Lösung von Wertekonflikten muss als erstes eine gemeinsame Wertebasis gefunden werden. Auf dieser Basis kann nach Lösungen für den Konflikt gesucht werden. (vgl. Proksch, 2014, S.6)

2.2.5 Strukturkonflikte

Strukturkonflikte unterscheiden sich von den anderen Konfliktarten insofern, dass nicht das Verhältnis zwischen den beteiligten Mitarbeitern die Ursache ist, sondern organisatorische Strukturen. Diese können von den Betroffenen meist nicht beeinflusst werden. (vgl. Weh et. al, 2008, S.55-56) Beispielsweise verfolgen der Vertrieb und die Produktion in einem Unternehmen unterschiedliche Prioritäten und Ziele. Da die Problemstellung nicht vollständig aufgelöst werden kann, ist die Lösung im konstruktiven Umgang der dauerhaften Spannungssituation zu suchen. (vgl. Proksch, 2014, S.6)

2.3 Konfliktbewältigung

Der „Kompromiss" und „Konsens" führt zu den erfolgreichsten Ergebnissen in der Konfliktbewältigung. Bei einem „Kompromiss" verzichten die Konfliktparteien auf die Durchsetzung eines Teils ihrer Einzelinteressen. Das Ergebnis ist eine Teileinigung zwischen den Konfliktparteien. Kompromisse stellen eine gute Basis für ein kooperatives Vorgehen in der Konfliktbearbeitung dar. Es findet allerdings keine Einigung auf gemeinsame Interessen statt. Bei einem „guten" Kompromiss wurden wichtige und große Teile des kontroversen Inhaltes behandelt. Dabei kommt es zu einer ausgeglichenen Entscheidung, bei der beide Konfliktparteien auf einen etwa gleich großen Teil der Forderungen verzichten. Bei einem „faulen" Kompromiss führt die getroffene Entscheidung zu einem „Sieger" und einem „Besiegten". Dabei überwiegen die Nachteile beim „Besiegten", was wiederum zu Unzufriedenheit führen kann. Die Gefahr besteht dann, dass es durch die Unzufriedenheit zu einem erneuten Aufflammen des Konfliktes kommt. Die Konfliktbearbeitung durch „Konsens" ist die ausgereifteste Form der Konfliktbearbeitung. Dabei setzen sich beide Konfliktparteien ausgiebig mit den Interessen der Gegenseite auseinander. Daraus entwickelt sich ein gemeinsames Verständnis für die Gesamtproblematik. Während der kooperativen Bearbeitung der identifizierten Streitpunkte, verschmelzen die unterschiedlichen Interessen zu einer gemeinsamen Lösung. Da beide Interessen gleichermaßen im Ergebnis der Zusammenarbeit berücksichtigt werden, bildet der Konsens die optimalen Voraussetzungen für eine langfristig gelingende Zusammenarbeit. (vgl. Becker, 2018, S.183-185)

3. Konfliktmanagement als Führungsaufgabe

Führung ist im Allgemeinen die zielbezogene Einflussnahme auf die Geführten. Im Unternehmensumfeld werden beispielsweise Mitarbeiter von einer Führungskraft geführt. Die Mitarbeiter sollen von der Führungskraft dazu bewegt werden, bestimmte Unternehmensziele zu erreichen. (vgl. Rosenstiel et al, 2014, S.3) Unternehmenserfolg ist dadurch definiert, dass ein Unternehmen seine Ziele erreicht oder diese sogar übertrifft. Zu den Unternehmenszielen zählt beispielsweise die Steigerung des Umsatzes, der Ausbau von Marktanteilen oder das Erzielen einer möglichst großen Rendite. Führung trägt maßgeblich zum Erfolg des Unternehmens bei. (vgl. Nerdinger et. al, 2014, S.84) Unter Konfliktmanagement wird in diesem Assignment der qualifizierte Umgang mit Konflikten in Unternehmen verstanden. Die Führungsarbeit nimmt dabei eine besondere Rolle ein. Sie umfasst die Wahrnehmung, Diagnose und Bewältigung von Konflikten. Dazu zählen auch sämtliche Maßnahmen zur Vermeidung von Konflikten, die als Konfliktprophylaxe bezeichnet wird. Die Kunst der Konfliktbehandlung liegt darin, dass der Konflikt innerhalb der ersten drei Eskalationsstufen bleibt. (vgl. Lippmann et. al, 2019, S.783-784) Denn dort lassen sich Konflikte nach Friedrich Glasl noch als „Win-Win" Situation lösen.

3.1 Konflikte rechtzeitig erkennen

Um Konflikte lösen zu können, müssen diese als erstes erkannt werden. Konflikte treten nicht plötzlich in Erscheinung. Sie kündigen sich durch bestimmte Signale an. Das Erkennen dieser Signale ermöglicht eine frühzeitige Auseinandersetzung mit dem Konflikt. Da Konflikte schrittweise eskalieren, ist ein möglichst frühes Eingreifen vorteilhaft. Dadurch können Konflikte im besten Fall aus der Welt geschafft werden, bevor sie sich manifestieren. (vgl. Weh, 2008, S.40) Ein bestehender Konflikt, der als solcher noch gar nicht in Erscheinung getreten ist, wird als „latenter" oder „verdeckter" Konflikt bezeichnet. Der latente Konflikt macht sich durch Konfliktsymptome oder -anzeichen bemerkbar. Dabei kann es vorkommen, dass den Beteiligten der Konflikt noch gar nicht bewusst ist. Häufig wird der Konflikt nur von einer Partei wahrgenommen. Der „manifeste" oder „heiße" Konflikt wird hingegen von den Beteiligten klar als solcher erkannt. Die Konfliktsituation liegt damit nicht im Verborgenen. Häufig erkennen auch die Beobachter die Konfliktsituation eines „heißen" Konflikts. (vgl. Weh, 2008, S.42) Der „heiße" Konflikt kann in einer ruhigen und sachlichen Auseinandersetzung der Konfliktparteien zu Tage treten. Jedoch ist es auch möglich, dass dieser in gegenseitigen Beschimpfungen mündet und sehr emotional ausgetragen wird. (vgl. Nitzsche, 2009, Kapitel 3)

Um latente Konflikte im Wirtschaftsleben rechtzeitig aufzuspüren, ist es wichtig Konfliktsymptome zu erkennen und diese richtig zu deuten. Konfliktsymptome können durch Verhaltensbeobachtung oder im Gespräch erkannt werden. (vgl. Weh, 2008, S.46) Hinweise im Gespräch sind beispielsweise ständiges Widersprechen, Ablehnung und Trotz. Dabei zeigt die potenzielle Konfliktpartei auf jede Aussage und auf jedes Argument eine ablehnende Reaktion. Es entsteht der Eindruck, dass die grundlegende Ablehnung

„aus Prinzip" geschieht. Ein weiteres Symptom zeigt sich in Hartnäckigkeit und Uneinsichtigkeit, sowie Rechthaberei. Dabei findet keine inhaltliche Auseinandersetzung durch den Austausch von Argumenten statt. Auch Desinteresse kann ein ernstzunehmendes Symptom darstellen. Dabei zeigt der Gesprächspartner nicht nur wenig Interesse am Thema, sondern auch am gesamten Gespräch. Merkmale, die auf Desinteresse im Gespräch hindeuten sind geistige Abwesenheit, das Wegbleiben von Terminen oder die Beschäftigung mit anderen Dingen. Des Weiteren kann auch ein dominantes Auftreten im Gespräch auf einen Konflikt hindeuten. Dabei versucht der Gesprächspartner das Gespräch zu dominieren und er unterbricht dieses häufig. Ein weiteres Konfliktsymptom kann als Unsicherheit und/oder Selbstzweifel zum Ausdruck kommen. Dabei begibt sich der Gesprächspartner bewusst in die Opferrolle und bietet weder eine „Angriffsfläche" noch liefert er inhaltlichen Input zum Gespräch. (vgl. Weh, 2008, S.46)

Auch im Verhalten können sich latente Konflikte durch Konfliktsymptome ankündigen. Dazu zählen beispielsweise Widerstand und Ablehnung in der Zusammenarbeit. Dabei findet der Versuch statt, die Ziele des Gegenübers bewusst oder unbewusst zu verhindern. Dies kann beispielsweise durch Zurückhaltung von Informationen geschehen. Ein weiteres Konfliktsymptom im Verhalten ist Rückzug und Desinteresse. Dies äußert sich darin, dass die Arbeitsmotivation schwindet und nur noch „Dienst nach Vorschrift" gemacht wird. Das Verhalten kommt dabei einer inneren Kündigung gleich. Auch Feindseligkeit, Gereiztheit und Aggressivität können Anzeichen für einen Konflikt sein. Wenn ein Konflikt über längere Zeit schwelt, kann es bei den Betroffenen beispielsweise zu einem unvermittelten Ausbruch der Wut kommen. Des Weiteren treten Konfliktsymptome in Form von Intrigen und Gerüchten in Erscheinung. Dadurch wird die Gegenpartei behindert und schlechtgemacht. Es können aber auch körperliche Symptome auftreten. Dazu zählen Kopfschmerzen, Magenbeschwerden und Schlaflosigkeit. Die Konfliktsymptome führen zu Fehlzeiten und Fluktuation. (vgl. Proksch, 2014, S.3)

Da Konflikte in allen Bereichen und Hierarchieebenen eines Unternehmens auftreten, ist es wichtig, dass neben den Führungskräften auch alle Mitarbeiter ein Bewusstsein für das Erkennen von Konflikten entwickeln. Die Konfliktparteien, die einen Konflikt herbeiführen, sind als Quelle des Konflikts auch die ersten die mit den Konfliktsymptomen in Kontakt kommen. Durch Schulungsmaßnahmen können die Mitarbeiter in die Lage versetzt werden Konfliktsignale zu erkennen. Das optimalste Konfliktmanagement besteht in der Vermeidung von Konflikten. Der offene Umgang mit Konflikten sollte in der Unternehmenskultur verankert sein. Somit haben die Mitarbeiter beim Erkennen von Konflikten auch keine Scheu diese anzusprechen und im besten Fall diese in Eigenregie zu lösen. Zusätzlich ist es Aufgabe der Führungskräfte unerkannte Konflikte aufzuspüren. Umso früher ein Konflikt erkannt wird, desto besser sind die Chancen den Konflikt schnell zu lösen.

3.2 Konflikteskalation

Konflikte durchlaufen verschiedene Eskalationsstufen. Der Konfliktforscher Friedrich Glasl beschreibt 9 verschiedene Phasen die Konflikte durchlaufen. Jeweils drei Phasen bilden dabei eine gemeinsame Ebene. Die erste Ebene bezeichnet Glasl als „Win-Win". Hier können noch beide Konfliktparteien gewinnen. Befindet sich der Konflikt bereits in der zweiten Ebene „Win-Lose", kann nur noch eine Partei gewinnen. Ist der Konflikt so weit vorangeschritten, dass er sich in der dritten Ebene „Lose-Lose" befindet, verlieren beide Parteien. Die erste Phase der Konflikteskalation bezeichnet Glasl als „Verhärtung". Die Standpunkte der Konfliktparteien verhärten sich und prallen aufeinander. In der zweiten Phase „Polarisation und Debatte" werden die Gegensätze im Stil einer Debatte ausgetragen. Dabei versuchen die Konfliktparteien mit Argumenten zu überzeugen und ihren Standpunkt als den „Richtigen" darzustellen. Sie wenden dafür beispielsweise manipulative Techniken in der Argumentationsführung an oder nutzen Diskussionen als Tribüne, um die eigene Überlegenheit zu demonstrieren. Die dritte Phase lautet „Taten statt Worte". Dabei erhöhen die Konfliktparteien den Druck aufeinander. Dazu nutzen die Beteiligten beispielsweise die Strategie der vollendeten Tatsache. Die Standpunkte verhärten sich und das Misstrauen nimmt weiter zu. In der vierten Phase „Bildung von Koalitionen" verschärft sich der Konflikt weiter. Die Konfliktparteien suchen Sympathisanten für ihren Standpunkt. Es geht nicht mehr um die Sache. Das neu erklärte Ziel lautet den Konflikt zu gewinnen, so dass der Gegner verliert. Die Konfliktparteien sehen sich im alleinigen Recht und führen einen Kampf um ihr Ansehen. In der fünften Phase „Verlust der Reputation" versuchen die Konfliktparteien die Reputation des Gegners zu zerstören. Dafür werden beispielsweise öffentliche und direkte Angriffe auf die Integrität des Gegners vollzogen. Das Ziel ist das Ausstoßen, Verbannen und Isolieren der Gegenseite. In dieser Phase besteht die letzte Möglichkeit zur gegenseitigen Rehabilitierung. Die sechste Phase „Drohstategien" manövriert die Konfliktparteien durch massive Drohungen und Gegendrohungen in ausweglose Positionen. Ziel ist es, die eigene Macht zu demonstrieren und diese auch durch Ultimaten und Sanktionen durchzusetzen. Die siebte Phase „Begrenzte Vernichtungsschläge" zeichnet sich dadurch aus, dass das Schädigen der gegnerischen Partei im Fokus steht. Der Gegner wird entmenschlicht und nur noch als Problem gesehen. Selbst ein eigener Schaden wird in Kauf genommen, sofern der gegnerische Schaden größer ist als der eigene. Infolgedessen wird der Schaden für alle Beteiligten größer als der eventuelle Gewinn. Eine weitere Eskalation führt zu Phase 8 „Vernichtung der gemeinsamen Existenzgrundlage". Durch Vernichtungsaktionen versuchen sich die Konfliktparteien zu zerstören. Dabei wird die gemeinsame Existenzgrundlage vernichtet. In der neunten Phase „Gemeinsam in den Abgrund" kalkulieren die Konfliktparteien die eigene Vernichtung mit ein, um den Gegner zu besiegen. Die Vernichtung des Gegners durch Selbstvernichtung wird in der letzten Eskalationsstufe ein probates Mittel. Aus dieser totalen Konfrontation führt kein Weg mehr heraus. (vgl. Becker et. al., S.176-178)

3.3 Konfliktanalyse

Nachdem ein Konflikt durch die Führungskraft erkannt wurde, muss dieser als erstes analysiert werden. Durch die Analyse des Konflikts soll die Führungskraft eine Antwort auf die Frage finden, ob und in welcher Form eine Intervention stattfinden muss. Da die Details des Konflikts oft im Verborgenen liegen, sollten keine vorschnellen Schlüsse gezogen werden. Oft ist erst durch eingehende Beschäftigung mit dem Konfliktthema eine Annäherung an die Ursache des Konflikts möglich. Desto sorgfältiger und differenzierter der Konflikt betrachtet wird, desto besser sind die Chancen eine funktionierende/adäquate Konfliktlösung zu finden. (vgl. Thill, 2004, S.51) Bei der Konfliktanalyse müssen vier Aspekte betrachtet werden. Es muss ermittelt werden was die eigene Zielsetzung ist, um welche Konfliktart es sich handelt, wer die Konfliktparteien sind und wie sich der Konfliktverlauf darstellt. Bei der Zielsetzung geht es um die Frage was die Führungskraft erreichen möchte und was sich nach der Konfliktlösung ändern soll. Die Antwort auf diese Frage bildet eine gute Ausgangslage für die Analyse des Konflikts. Anschließend muss der Konflikt dahingehend untersucht werden, um welche Konfliktart es sich handelt. Dabei ist zu beachten, dass sich Konflikte häufig mehreren Konfliktarten zuordnen lassen. So können beispielsweise Sachverhaltenskonflikte auch Bestandteile von Interessenskonflikten oder Beziehungskonflikten enthalten. Die gründliche Untersuchung des Konflikts hilft dabei den Kern des Konflikts herauszuarbeiten. Die Sichtweisen der einzelnen Konfliktparteien müssen deshalb von der Führungskraft zu einem ganzheitlichen Bild zusammengefasst werden. Erst dann kann die Führungskraft zum Kern des Problems vordringen. Jede Konfliktart hat ihre Eigenheiten und lässt sich am besten mit dem Verständnis für ihre Eigenheiten lösen. Die Erkenntnis über die Art des Konflikts hilft der Führungskraft einen passenden Lösungsweg für den Konflikt zu entwickeln. Ein weiterer wichtiger Aspekt in der Konfliktanalyse ist das Ermitteln der beteiligten Konfliktparteien. Die Lösung eines Konflikts ist nur dann möglich, wenn die richtigen Personen am Lösungsprozess beteiligt werden. Dies können beispielsweise einzelne Personen oder Gruppen sein. Dabei ist es auch wichtig die Rollen und Interessen der beteiligten Parteien zu ermitteln. Fehlen beispielsweise wichtige Personen oder werden unbeteiligte Personen fälschlicherweise miteinbezogen, bleibt der Konflikt möglicherweise bestehen oder breitet sich sogar aus. Der letzte Aspekt ist die Betrachtung des Konfliktverlaufs. Hier geht es um die Frage wann der Konflikt begonnen hat und welche Höhepunkte es bereits gab. Die Analyse des Konfliktverlaufs soll eine Antwort darauf geben, in welcher Eskalationsstufe sich der Konflikt befindet. (vgl. Proksch, 2014, S.4)

3.4 Interventionsmethoden

Konfliktparteien sind häufig nicht in der Lage ihre Konflikte eigenständig zu lösen. Dies zu erkennen und eine Lösung herbeizuführen, ist eine wichtige Führungsaufgabe. Je nachdem ob die Führungskraft selbst Teil des Konflikts ist, stellt sich die Ausgangslage anders dar. Umso stärker die Führungskraft im Konflikt involviert ist und desto fortgeschrittener das Eskalationsstadium ist, desto sinnvoller ist das Hinzuziehen einer dritten neutralen Partei. (vgl. Lippmann, 2019, S.784) Die Führungskraft muss nicht jeden Konflikt selbst lösen, sie hat aber die Aufgabe eine Entscheidung zu treffen, welches Verfahren zur Konfliktlösung angemessen ist. (vgl. Proksch, 2014, S.31) Für die Lösung von Konflikten stehen der Führungskraft nach Eric Lippmann (2019, S.768) fünf verschiedene Interventionsmethoden zur Verfügung.

Befindet sich der Konflikt in Phase 1-3 ist die Moderation ein geeignetes Mittel zur Konfliktlösung. Dabei werden die Konfliktparteien durch die Führungskraft dahingehend unterstützt ihre Selbstheilungskräfte zu mobilisieren. Dafür kann die Führungskraft die Rolle des Moderators einnehmen oder eine dritte, am Konflikt unbeteiligte Person für die Rolle des Moderators befähigen. Für die Konfliktphasen 3-5 bietet sich die Prozessbegleitung an. Da direkte Verhandlungen zwischen den Konfliktparteien kaum mehr möglich sind, muss durch eine Drittpartei erst Vertrauen aufgebaut werden. Anschließend unterstützt der psychologisch erfahrene Gesprächspartner die Lösungssuche durch begleitende Unterstützung der Verhandlungen zwischen den Konfliktparteien. In Phase 5-8 ist die Vermittlung durch einen Mediator ein probates Mittel zur Konfliktlösung. Der Mediator muss dabei von beiden Konfliktparteien anerkannt werden. Seine Aufgabe ist es einen Kompromiss herauszuarbeiten, der alle Interessen berücksichtigt. Bei Phase 6-8 bietet sich das Schiedsverfahren zur Konfliktlösung an. Dabei wird der Konflikt durch den Schiedsrichter nach einer umfassenden Lageeinschätzung gelöst. Die Konfliktparteien sind dabei an die Entscheidung des Schiedsrichters gebunden. In der Konfliktphase 7-9 ist als letztes Mittel ein Machteingriff zur Lösung des Konflikts notwendig. Die Autorität setzt ihre Entscheidung dabei gegen den Willen der Konfliktparteien durch. (vgl. Lippmann, 2019, S.786)

3.5 Persönlichkeitstypen

Jeder Mensch hat seine individuelle Persönlichkeit. Das Riemann-Thomann-Modell ist ein Instrument zur Typisierung von Persönlichkeiten. Das Modell visualisiert die vier menschlichen Grundbestrebungen nach Nähe, Distanz, Dauer und Wechsel in einem Koordinatenkreuz. Die Pole des Kreuzes bilden dabei die vier Grundbestrebungen. Alle Menschen tragen ein gewisses Maß von jeder Grundbestrebung in ihrer Persönlichkeit. Das jeweilige Maß der Ausprägung ist dabei jedoch ganz individuell. (vgl. Zoller, 2019, S.38)

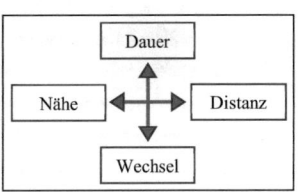

Abbildung 1: Riemann-Thomann-Modell (vgl. Zoller, 2019, S.38)

Mit Kenntnissen über Persönlichkeitsstrukturen können Konflikte durch Führungskräfte zielgerichteter bearbeitet werden. Der Nähe-Pol zeichnet sich durch Attribute wie kontaktfreudig, ausgleichend, verständnisvoll und akzeptierend aus. Personen mit einem ausgeprägten Nähe-Pol ist ein gutes Arbeitsklima wichtig. Sie sind darüber hinaus freundlich und warmherzig. Sie zeigen sich empathisch und neigen dazu Konflikte zu meiden. Bei einem Konflikt zwischen zwei Konfliktparteien mit einem ausgeprägten Nähe-Pol ist davon auszugehen, dass der Konflikt länger im Verborgenen bleibt, da der Persönlichkeitstyp darauf bestrebt ist Konflikten aus dem Weg zu gehen. Darüber hinaus ist es hilfreich auf die Gefühle und Bedürfnisse der Konfliktpartei einzugehen. Bei einem emotionalen Mitarbeiterstreit ist es beispielsweise hilfreich, wenn der Person auch Raum zum Ausdruck ihrer Gefühle wie z. B. Enttäuschung gegeben wird. Der Distanz-Pol umfasst Attribute wie sachlich, kühl, distanziert. Personen mit dieser Ausrichtung arbeiten am liebsten allein. Sie mögen klar umrissene Aufgabenbereiche. Eine Abgrenzung zu anderen Personen ist ihnen wichtig. Sie sind sachlich-kritisch und unabhängig. Konfliktparteien mit dieser Persönlichkeitsstruktur sind offen für sachliche Argumente und mögen es nicht, wenn andere versuchen ihre Gefühle und Bedürfnisse zu ergründen. Der Dauer-Pol umfasst Attribute wie Ordentlichkeit, Gewissenhaftigkeit, Strukturiertheit und Pünktlichkeit. Personen mit einem ausgeprägten Dauer-Pol haben ein sehr gutes Zeitmanagement und Sicherheit ist ihnen wichtig. Veränderungen sehen sie hingegen skeptisch. Ihre Denkweise ist konservativ geprägt und sie sind prinzipientreu. Im Konfliktfall ist eine strukturierte Bearbeitung der Konfliktthemen hilfreich. Mit Daten und Fakten untermauerte Beispiele helfen ihnen dabei, dass sie Vorwürfe akzeptierten. Der Wechsel-Pol steht für Kreativität, Fantasie und Flexibilität. Personen mit einer Wechsel-Ausrichtung sind häufig chaotisch, spontan und lassen sich schnell begeistern. Sie lieben das Risiko, das Neue und Unkonventionelle. Sie sind innovativ und weichen Verpflichtungen, Vorschriften und Regeln aus. Personen mit einem ausgeprägten Wechsel-Pol sind offen für ungewöhnliche Problemlösungen. Außerdem benötigen sie Raum für ihre Emotionen, ohne dafür verdammt zu werden. (vgl. EFAS, S.18)

3.6 Konfliktgespräch

Ein erfolgreiches Konfliktgespräch benötigt eine gute Vorbereitung und sollte einem strukturierten Ablauf folgen. Eine ausführliche Konfliktanalyse ist die ideale Vorbereitung auf das Gespräch. Daraus abgeleitet sollten die Ziele formuliert werden. Das Hauptziel ist eine geeignete Problemlösung zu finden. Weitere Ziele sind beispielsweise, dass die Konfliktbeteiligten gestärkt aus dem Konflikt hervorgehen und gemeinsame Vereinbarungen getroffen werden. (vgl. Froschauer, S.99, 2014) Zu der Vorbereitungsphase zählt außerdem die Abstimmung eines Termins und die Auswahl eines geeigneten Raums. Das Gespräch sollte in einer angenehmen Atmosphäre stattfinden und nicht durch äußere Einflüsse wie Lärm oder sonstige Unterbrechungen gestört werden. (vgl. Jäggi, S.85, 2011) Das Konfliktgespräch wird mit einer Begrüßung eröffnet. Dabei wird insbesondere die gemeinsame Konfliktbewältigung in den Vordergrund gestellt. Anschließend findet die Situationsklärung statt. Die Konfliktparteien legen ihre Sichtweise, Werte und Motive in klaren und vollständigen Ich-Botschaften dar. Das Ziel ist, eigene Positionen für die Gegenpartei sichtbar zu machen. In der nächsten Phase des Konfliktgesprächs werden anhand der gegensätzlichen Standpunkte Gemeinsamkeiten und Unterschiede herausgearbeitet. Die Gemeinsamkeiten dienen dabei als Grundlage zur Konfliktlösung. Die Unterschiede sollen nicht als unterschiedliche Positionen benannt werden, sondern als unterschiedliche Interessen. Denn unterschiedliche Positionen suggerieren einen festen Standpunkt von dem nicht abzurücken ist, während unterschiedliche Interessen einen Lösungsweg offenlassen. In der nächsten Phase steht die Lösungsfindung im Fokus der beiden Konfliktparteien. Hierbei steht immer die gemeinsame Win-Win-Situation als Lösung im Fokus. Im Verhandlungsgespräch geht es um das gemeinsame „Sowohl-als-auch" und nicht um das trennende „Entweder-oder". Die Vorschläge sollten dabei schriftlich festgehalten werden. Nachdem eine gemeinsame Lösung vereinbart wurde, muss diese verbindlich gemacht werden. Die konkreten Vereinbarungen müssen für die Konfliktparteien zu einem späteren Zeitpunkt überprüfbar sein. Die Abmachungen sind dafür klar und verbindlich zu formulieren. Die letzte Phase bildet der Gesprächsabschluss. Falls zu diesem Zeitpunkt noch offene Fragen bestehen, können diese hier angesprochen werden. Die Gesprächspartner bedanken sich und beenden das Gespräch mit positiven Aussichten. (vgl. Jäggi, S.85-87, 2011)

3.7 Konfliktfall aus der Praxis

Das Systemhaus „Profi IT" beschäftigt 200 Mitarbeiter und hat sich auf IT-Komplettlösungen für mittelständische Unternehmen spezialisiert. Das Kerngeschäft der Firma ist die Beratung, Bereitstellung und der Betrieb von komplexen IT-Systemen. Im Team „1-Level-Support" arbeiten 6 Mitarbeiter im Zwei-Schicht-Betrieb. Zu ihren Aufgaben zählen der telefonische Kundensupport, die Erfassung und Behebung von IT-Störungen, sowie Wartungsarbeiten außerhalb der Betriebszeiten der Kunden. Die Teamleiterin Frau Meyer hat die Personalverantwortung für das sechsköpfige Team. Der Schichtplan wird von den Teammitgliedern in Eigenregie geregelt. Es gibt von Montag bis Freitag eine Früh- und Spätschicht. Pro Schicht müssen drei Mitarbeiter anwesend sein. Hierzu stimmen sich die Teammitglieder einmal pro Monat ab und legen den Schichtplan für den nächsten Monat fest. Dieses Vorgehen hat jahrelang ohne größere Probleme funktioniert. Vor zwei Jahren hat sich die familiäre Situation des Mitarbeiters Herr Jansen geändert. Er ist Vater geworden und muss seit diesem Jahr seine Frau in der Kinderbetreuung unterstützen. Aufgrund der Arbeitszeiten seiner Frau, kann Herr Jansen nur noch in Ausnahmefällen die Spätschicht übernehmen. Seine Kolleginnen und Kollegen haben dafür Verständnis. Kein Verständnis bringt das Team für den Kollegen Herrn Krug auf. Er verweigert seit mehreren Monaten immer häufiger die Teilnahme an der Spätschicht. Dafür legt er fadenscheinige Begründungen vor. Hinzu kommt, dass Herr Krug nun schon zum wiederholten Mal seine Spätschicht an Frau Hermann übergeben hat. Frau Hermann befindet sich noch in der Probezeit und ist aus diesem Grund sehr zurückhaltend was die Ablehnung von Anfragen jeglicher Art betrifft. Auch von den restlichen drei Teammitgliedern wird die Spätschicht nur ungern übernommen. Unter diesen Umständen wird die Schichtplanung immer mehr zur Gedulds- und Nervenprobe. Das Teammitglied Herr Tillmann hat eine Persönlichkeit mit einem sehr ausgeprägten Nähe-Pol. Eine harmonische Zusammenarbeit im Team ist ihm sehr wichtig. Deshalb übernimmt er notgedrungen häufig die Spätschichten, damit es aufgrund der Schichtplanung nicht wieder zum Streit kommt. In Folge dessen werden seit Monaten die meisten Spätschichten von Frau Hermann und Herrn Tillmann übernommen. Durch die ungleichmäßige Verteilung der Schichten fühlen sich die Beiden stark benachteiligt. Die Schichtplanung führt immer häufiger zu Streit unter den Teammitgliedern und die angespannte Situation wird immer untragbarer.

Die Konfliktsymptome des Interessenkonfliktes bleiben der Führungskraft Frau Meyer nicht verborgen. Da die monatliche Schichtplanung immer vor dem Teammeeting stattfindet, fällt ihr die gereizte Stimmung ihrer Teammitglieder auf. Erst auf die gezielte Nachfrage durch Frau Meyer offenbaren die Teammitglieder ihren Unmut über die Schieflage in der Schichtplanung. Durch Einzelgespräche mit den Mitarbeitern erfährt Frau Meyer Einzelheiten des Konflikts. Besonders die Blockadehaltung von Herrn Krug bereitet ihr Sorgen. Nach einem eingehenden Gespräch mit Herrn Krug erfährt die Teamleiterin, dass er mit einem internen Projekt zur Integration des Ticketsystem beim Kunden bereits seit mehreren Monaten überfordert ist und deswegen häufig Aufgaben an die neue Kollegin Frau Hermann abgibt. Seine Arbeitsmotivation ist aufgrund der Überforderung stark gesunken. Frau Meyer vermutet, dass dies der Hauptgrund für seine Blockadehaltung ist. Mit den gewonnenen Hintergrundinformationen stuft Frau Meyer den Interessenkonflikt in die Eskalationsphase 2 ein. Sie setzt sich daher eine Win-Win-Lösung für alle Beteiligten als Ziel.

Im Konfliktgespräch mit allen Beteiligten nimmt Frau Meyer die Rolle der Moderatorin ein. Nachdem alle Konfliktparteien ihre Sichtweise dargelegt haben, besteht unter den Teammitgliedern ein gegenseitiges Verständnis für die Gesamtsituation. Herr Franke schlägt vor, dass eine Erhöhung des Zuschlags für die Abendstunden von 18:00-22:00 zu einem größeren Anreiz für die Spätschicht führen würde. Dieser Vorschlag wird von allen Teammitgliedern positiv aufgenommen. Außerdem fordern die Mitarbeiter ein Mindestmaß an Planungssicherheit, indem sie eine Woche pro Monat wählen dürfen, in der sie keine Spätschicht haben. Die Möglichkeit Schichtpläne untereinander zu tauschen, wollen alle Konfliktparteien beibehalten. Die Konfliktparteien sehen aber ein, dass die Selbstverwaltung der Schichtpläne zu mehr Nachteilen als Vorteilen führt. Sie bitten deshalb, die Schichtplanung in den Aufgabenbereich der Führungskraft zu legen. Frau Meyer ist gewillt die Rahmenbedingungen zu schaffen, welche zur Konfliktlösung beitragen. Als erstes geht sie das Problem mit Herrn Krug an, der sich mit seinem Problem nur ihr anvertraut hat. Sie legt sein internes Projekt auf Eis und sucht dafür einen geeigneteren Kandidaten. Herr Krug kann sich somit wieder voll auf seine Regeltätigkeit konzentrieren. Um mehr Anreize für die freiwillige Bereitschaft zur Spätschicht zu schaffen, erhöht die Teamleiterin den Zuschlag für die Abendstunden von 18:00-22:00. Des Weiteren akzeptiert Frau Meyer den Vorschlag, dass die Schichtplanung unter Berücksichtigung der Mitarbeiterwünsche in Zukunft in ihren Aufgabenbereich fällt. Dabei nimmt Frau Meyer auch Rücksicht auf die besondere Situation von Herrn Jansen. Um ein gewisses Maß an Flexibilität beizubehalten, ermöglicht Frau Meyer ihren Mitarbeiten auch weiterhin das gegenseitige Tauschen von Schichten. Der neue Prozess zur Regelung des Schichtbetriebs wird dokumentiert und im Firmen Wiki für alle Mitarbeiter abgelegt. Der Interessenkonflikt hätte auch durch einen Machteingriff der Teamleiterin gelöst werden können. Allerdings ist fraglich wie gut die Teammitglieder die Lösung angenommen hätten, wenn sie nicht in die Lösungsfindung miteinbezogen worden wären. Die gemeinsam erarbeitete Lösung wird von allen Teammitgliedern mitgetragen und hat somit gute Chancen auf einen langfristigen Erfolg.

4. Zusammenfassung und Reflexion

4.1 Fazit

Konflikte im Wirtschaftsleben sind Chance und Risiko zugleich. Ein qualifiziertes Konfliktmanagement in Unternehmen sorgt dafür, dass die Chancen die durch Konflikte entstehen genutzt und die Risiken erkannt und behandelt werden. Im Unternehmensumfeld können ungelöste Konflikte weitreichende negative Folgen haben. Konflikte sorgen für Stress und Belastung unter den Mitarbeitern. Sie kosten Zeit und schmälern die Produktivität des Unternehmens. Bei bis zu 90% der Kündigungen durch Arbeitgeber und bei mindestens 50% der Kündigungen durch Arbeitnehmer werden Konflikte als Ursache genannt (vgl. Proksch, 2014, S.11). Andererseits weisen Konflikte auf Probleme hin, die dadurch erst erkannt und gelöst werden können. Konflikte fördern aber auch die Suche nach kreativen Lösungen und regen Innovationen an. Außerdem können durch gemeinsam bewältigte Konflikte Beziehungen unter den Mitarbeitern vertieft und Vertrauen geschaffen werden. Dadurch steigt der Zusammenhalt und in Folge auch die Produktivität. (vgl. Proksch, 2014, S.10-11) Die typische Führungskraft beschäftigt sich zu 25% ihrer Zeit mit Konflikten. (vgl. Bass et. al, 2009, S.319) Diese Zahl verdeutlicht die Relevanz dieser wichtigen Führungsaufgabe. Ein qualifiziertes Konfliktmanagement hilft den Führungskräften dabei Konflikte frühzeitig zu erkennen, diese richtig einzuschätzen und adäquat zu handeln.

4.2 Kritische Würdigung und Ausblick

Die Führungsarbeit im Konfliktmanagement beschränkt sich in diesem Assignment auf die Erkennung, Analyse und Bewältigung von Konflikten. Dabei handelt es sich lediglich um Bestandteile eines qualifizierten Konfliktmanagements. Es ist nicht Aufgabe der Führungskraft jeden Konflikt selbst zu lösen. Führungskräfte brauchen allerdings die nötige Kompetenz, um die richtigen Entscheidungen im Umgang mit Konflikten zu treffen. Das qualifizierte Konfliktmanagement ist deutlich umfassender als das reine Lösen von Konflikten. Dazu zählt beispielsweise auch die Konfliktprävention oder der Aufbau eines Konfliktmanagementsystems. Der sinnvolle Umfang eines qualifizierten Konfliktmanagements hängt dabei auch maßgeblich von der Unternehmensgröße ab. Am Beispiel des fiktiven Konfliktfalls aus der Praxis wird deutlich, wie viele verschiedene Faktoren bei Konflikten eine Rolle spielen können. Der dargestellte Lösungsweg ist dabei nur eine Möglichkeit von vielen. Worauf die Fallstudie nicht eingeht, ist die Ursachenforschung, die dem Konflikt zugrunde liegt. Die alte Schichtplanregelung war im Fallbeispiel nicht gut durchdacht. Die Risiken wurden nicht korrekt eingeschätzt. Durch eine umsichtige Organisation der Schichtplanregelung hätte der Konflikt von vornherein vermieden werden können. So hat der Konflikt nicht nur Zeit und Nerven gekostet, sondern aus Unternehmenssicht auch dazu geführt, dass die Personalkosten gestiegen sind.

5. Abbildungsverzeichnis

Abbildung 1: Das Riemann-Thomann-Modell

6. Literaturverzeichnis

6.1 Buchquellen

Bass, Bernard M. / Bass, Ruth (2008): The Bass Handbook of Leadership: Theory, Research, and Managerial Applications (Free Press)

Becker, Joachim H. / Ebert, Helmut / Pastoors, Sven (2018): Praxishandbuch berufliche Schlüsselkompetenzen (Springer-Verlag)

Froschauer, Uwe (2014): Du managst jeden Tag, du weißt es nur nicht - Praxisratgeber Management (Diplomica Verlag)

Jäggi, Susanne (2011): Kommunikation für technische Kaufleute und HWD: Grundlagen mit Beispielen (Compendio Bildungsmedien)

Lippmann, Eric (2019): Konfliktmanagement (Springer-Verlag)

Nerdinger, Friedemann W. (2014): Arbeits- und Organisationspsychologie (Springer-Verlag)

Nitzsche, Isabel (2009): Praxisbuch Konfliktlösung: Konstruktiv und selbstbewusst im Umgang mit Kunden, Kollegen und Geschäftspartnern (Linde International)

Proksch, Stephan (2014): Konfliktmanagement im Unternehmen: Mediation und andere Methoden fü Konflikt- und Kooperationsmanagement (Springer-Verlag)

von Rosenstiel, Lutz / Regnet, Erika / Domsch, Michel E. (2014): Führung von Mitarbeitern: Handbuch für erfolgreiches Personalmanagement (Schäffer-Poeschel Verlag Stuttgart)

Thill, Klaus-Dieter (2004): Konfliktbewältigung in der Arztpraxis: Prävention und Bewältigung von Teamkonflikten (Deutscher Ärzte-Verlag)

Weh, Saskia-Maria / Enaux, Claudius (2008): Konfliktmanagement: Konflikte kompetent erkennen und lösen (Haufe)

Zoller, Karen / Nussbaumer, Paul (2019): Persönlichkeitsbewusste Mitarbeiterführung: Den eigenen Führungsstil (Springer-Verlag)

Zumsteg, Michelle (2919): Konfliktmanagement, Team Work Engagement und psychologische Sicherheit in Scrum-Teams (Springer-Verlag)

6.2 Artikel aus dem Internet

EFAS (2018): Handout Grundlagen Konfliktbearbeitung / Konfliktmanagement. Online verfügbar unter https://www.efas-web.de/files/teges/Teges_Handout_Konflikt_FINAL_SCREEN.pdf, zuletzt geprüft am 25.04.2020